AF269834

LIBERTAD
Y
RESOLUCIÓN

El filo viviente de la rendición

Gangaji

LIBERTAD Y RESOLUCIÓN

El filo viviente de la rendición

Título original: *Freedom & Resolve. The Living Edge of Surrender*
© Gangaji, 1999

Título en castellano: *Libertad y resolución*

D. R. © Editorial Lectorum, S. A. de C. V., 2011
Batalla de Casa Blanca Manzana 147 Lote 1621
Col. Leyes de Reforma, 3a. Sección
C. P. 09310, México, D. F.
Tel. 5581 3202
www.lectorum.com.mx
ventas@lectorum.com.mx

Bajo acuerdo con:

© Ediciones El Grano de Mostaza
Carrer de Balmes, 349 Ppal. 1a.
08022 Barcelona, España
www.elgranodemostaza.com

Primera edición: septiembre de 2011
ISBN: 978-607-457-192-9

D. R. © Traducción: Miguel Iribarren
D. R. © Portada: Félix Lascas

Impreso y encuadernado en México.
Printed and bound in Mexico.

CONTENIDOS

Alguien preguntó a Papaji si seguía
manteniéndose vigilante, y él dijo:
"Hasta mi último aliento".

La elección es tuya

Después de siglos de contar la historia de la separación de Dios, parece que esa narración no ha sido elegida por nadie. Aparenta eso, pero no es así. Simplemente has seguido escogiendo el relato trasmitido por tus antepasados, por tus vidas pasadas, por tus errores y deseos anteriores. Pero lo que tú eres es aquello que está más allá de cualquier elección.

La elección reside en nuestra capacidad mental de negar esta verdad o aceptar. Esta elección es el libre albedrío: la libertad de elegir. No tienes libre albedrío con respecto a quien eres. Eres eso plena y completamente. Pero tienes libre albedrío con relación a los poderes de la mente y de la imaginación. Puedes actuar como si no fueras quien eres. Puedes actuar como si casi lo fueras, pero no del todo. Puedes llevar a cabo todo tipo de variaciones y permutaciones al elegir o negar quien eres.

Has jugado a esto durante siglos y, por fin, acabas cansándote de jugar, porque este juego es limitado. A pesar de todo su despliegue, a pesar de toda su belleza, a pesar de todo su dolor, el juego es limitado porque se basa en la suposición de que, de algún modo, estás separado de la Verdad, de la comprensión, del amor, de Dios. Todo el juego se basa en la suposición de la separación, y esta presunción raras veces se investiga. Se cree que esta hipótesis es real, y a partir de ese momento el juego se complica mucho.

Te invito a ver quién está jugando en realidad.

De manera natural, tú eres conciencia. Lo que llamamos "Dios" es conciencia suprema. Eres uno con Dios de manera natural. Eres la Verdad de manera natural. Todo el resto no natural. Es posible que sea normal, pero no natural. Puede que sea habitual, pero no es natural. Incluso el juego tiene su propósito, porque al creer en el juego y en la normalidad no natural que lo caracteriza, cabe la oportunidad de que te imagines perdido, de que experimentes el dolor y el sufrimiento de estar extraviado, de estar expulsado, de estar separado de Dios. Entonces, esa imaginación, ese juego con todo su dolor, puede generar el anhelo de reunirse con la Verdad en toda su gloria.

Si descubres que das por sentada la verdad de que eres conciencia, de que eres uno con Dios, de que eres la Verdad, ese dar por sentado es una especie de trance o estado de sueño en el que un día imaginarás que estás separado, que estás perdido, y la búsqueda comenzará de nuevo.

En la invitación que extiende Ramana, la llamada a la autoindagación directa, tienes la oportunidad de averiguar quién está perdido, quién se siente separado. No encontrarás a nadie. Nadie está perdido. La persona perdida fue fabricada en la mente para que comenzara el juego. Si has tomado la resolución de investigar intensamente de manera fresca y completa, en lugar de seguir durmiendo y creyendo en la supuesta separación, entonces te encontrarás a ti mismo como esa misma conciencia en la que jugador, buscador, unión y separación aparecen y desaparecen.

La vigilancia: la llamada a una rendición más profunda

Muchas personas afortunadas y agraciadas han podido gustar o tener un vislumbre de lo inmortal, del Ser eterno. A partir de esa experiencia surge la pregunta: "¿Qué viene ahora?" O, "¿qué debería hacer ahora?" "¿Qué debería hacer con esto?" "¿Qué hago con esto?" Estas preguntas indican que se necesita una rendición más profunda. Siempre hay una invitación a ello. Esta capitulación es vigilancia.

A menudo no se entiende qué es esta. Generalmente, lo que se considera vigilancia es una cuidadosa supervisión o seguimiento por parte del superego. Estoy seguro de que eres consciente de este tipo de revisión: ¡Oh!, no debería haberlo hecho así. No debería haberlo dicho así. No debería haber pensado eso. Debería haberme rendido. Esta supervisión o monitorización no es vigilancia, sino una imitación de la vigilancia. Vigilancia viene de la palabra "vigilia", que significa "guardar vigilia". Guardar vigilia es un tipo de adoración. La vigilancia es una vigilia sagrada, serena y pacífica ante la llama de la Verdad.

Mantén la vigilia mientras quepa la posibilidad de que percibas a alguien separado de la Verdad, mientras sigas desactivando los viejos deseos, mientras quede un aliento en tu cuerpo.

Asumiendo que es probable -o, al menos, posible- que te percibas separado de la Verdad, tienes la oportunidad de mantenerte vigilante ante Su llama. Si te mantienes muy alerta descubrirás que no estás separado de Ella. ¿Y qué viene después de eso? Una vigilancia aún más profunda, descubrimientos más internos. El verdadero descubrimiento no tiene fin. Lo que sí podría acabar es tu preocupación por quien creías ser: tu cuerpo, tus pensamientos y tus emociones. De hecho, la preocupación sólo continúa mientras sigues alimentándola.

Nutre tu cuerpo. Hacerlo no es gran cosa. Pero sustentar tus pensamientos sí que es muy importante y tus emociones, muy relevante.

Deja de alimentar tus pensamientos y emociones, contempla lo que no necesita ser nutrido para existir. Mantente vigilante a eso. Ríndete a ello.

Si te ha atravesado la flecha de la verdad y lo sabes, si has tenido esta experiencia, entonces también conoces los pensamientos arrogantes que pueden surgir: "Bueno, sé que soy uno con la Verdad, entonces, ¿quién queda ahí para mantener la vigilancia?" Probablemente te has dicho esto, ¿correcto? Y entonces, de repente, vuelven el sufrimiento y el lamento: "¡Lo he perdido! ¿Cómo ha podido ocurrir?". La vigilancia corrige la percepción y la experiencia de perder lo que no puede ser perdido.

No estoy hablando de esfuerzo. No estoy hablando de que la vigilancia sea un hacer. Estoy hablando de ser vigilancia y de reconocer que es natural serlo. Eres pura conciencia. La conciencia se mantiene vigilante de manera natural. lo hace hacia sí misma, y en realidad siempre es consciente de sí misma.

Cuando el cuerpo está profundamente dormido y no hay puntos de referencia ni impresiones sensoriales, cuando no hay percepción de él ni de ningún otro elemento mental, emocional o físico, sigue habiendo conciencia consciente de sí misma, y eso es la dicha. Es la dicha del sueño profundo. Cuando el organismo despierta y vuelves a percibir las cosas, sabes que ha habido una experiencia profunda y sin objetos. No tienes ninguna impresión sensorial de ella, pero lo sabes porque la conciencia de ella sigue estando presente. A medida que aparecen los objetos, nuestro condicionamiento tiende a fijarse en ellos y a pasar por alto ese profundo alimento que siempre está presente. Vigilancia es la conciencia de lo que no desaparece cuando aparecen los objetos. Tanto si estos son exquisitos como si son horribles o mundanos, siempre está presente una conciencia que es consciente de sí misma, una conciencia que es consciente de sí misma, sean esos objetos emocionales, mentales o físicos.

La vigilancia pura debe ser reconocimiento fácil, porque de otro modo hay un practicar la vigilancia, y eso ya es no estar vigilante. Cuando oigas el pensamiento: "Ahora voy a practicar la vigilancia", pregúntate quién está haciéndolo. Esto es autoindagación directa. Verás que allí no hay nadie, que sólo hay vigilancia. Entonces constata que es muy natural ser consciente de los objetos que pasan, y que también es ser consciente del que es consciente, es decir, ser consciente tanto de los objetos que pasan como de uno mismo.

Descansa en la vigilancia y ve. Simplemente espera y ve. Ve cuál es el destino del cuerpo. Ve cuál es el impulso de esta vida. Habrá objetos que pasarán ante el altar de la vigilancia: deja que pasen como nubes. Las nubes no son un problema, ciertamente no lo son desde el punto de vista del cielo. Tú eres el cielo. No eres una entidad que está mirando al cielo. Eres el cielo mirando a la entidad aparente.

Suponer que la vigilancia es una carga es una equivocación. La verdadera carga es negar que eres la conciencia misma. La idea de que la vigilancia es una carga viene de la práctica espiritual. Se te conmina a que practiques. Tienes que mantener tu práctica. No sé de dónde viene la palabra "práctica", pero está mal empleada, porque practicar significa hacer algún tipo de preparativo para un suceso real. Practicas para el partido de fútbol. Practicas para tu recital. No puedes practicar para la vida. La vida es ahora mismo. De modo que no uso la palabra practicar cuando hablo de vigilancia. Estoy hablando de ser vigilancia. Sé ello ahora. Tú ya eres eso. Reconócete como tal, y mantente vigilante a tu verdadera naturaleza. Después ve. Sin buscar nada, ve.

En la cultura occidental se nos educa para saber lo que vendrá a continuación y para intentar conformarlo en función de nuestros deseos. Por eso hay tanto sufrimiento, porque tratamos de forzar la vida para que encaje con un concepto particular. Después buscamos a quien esté de acuerdo con ese concepto y luchamos contra quien esté en desacuerdo con él. Pero aunque salgamos victoriosos de nuestra lucha, nos sentimos insatisfechos, sin plenitud.

"Esperar y ver" no significa necesariamente que te quedes sentado en el sofá y no te muevas más ni tampoco que te levantes del sofá y te muevas. Es mucho más profundo que eso. Una vida activa puede ser vivida en actitud vigilante, y también una vida inactiva puede ser vivida de la misma manera.

Habrá muchas comprensiones. Habrá muchas revelaciones y experiencias cada vez más profundas. Y, en medio de todo ello, mantente vigilante a lo que no se ha movido, a lo que siempre ha sido pleno, radiante e impoluto. Las comprensiones serán aún más profundas. Disfrútalas cuando vengan, diles adiós al pasar y mantente vigilante a lo que no se ha movido, a lo que no se ha desvanecido en la experiencia de pérdida, a lo que no ha aumentado con la experiencia de ganancia.

Sé vigilancia. La alegría más profunda de la experiencia humana es mantenerse vigilante. No es una tarea. Es pura dicha. Una dicha que se mantiene despierta y vigilante a lo que nunca se mueve, a lo que siempre está presente. Sé eso. Entonces verás esta entidad de tu vida actual desplegarse exquisitamente, como se abre una flor. Cuando empiece a morir, morirá con elegancia, como muere una flor. No tienes que sumergirla en cera a fin de conservarla para siempre. La muerte no es el enemigo. El miedo a la muerte es el adversario. Es el resultado de haberte identificado erróneamente como una entidad particular. Tu verdadera identificación es el cielo del Ser.

"Mi" historia

Cuando miras a un bebé y haces un seguimiento de su crecimiento individual, puedes ver que la diferencia entre ese bebé y el niño de seis años es muy notable, como lo es la diferencia entre un niño de seis años y un joven de dieciséis, o entre los dieciséis y los treinta y cinco, o entre los treinta y cinco y los ochenta. Puedes empezar a ver cierta pauta de acumulación.

Evidentemente, el niño nace con cierta predisposición genética, tendencias y personalidad, pero, en general, es abierto y lozano, por eso queremos a los niños. La apertura es digna de amor. Incluso cuando los bebés son difíciles, suelen ser amables por su manera fresca, abierta, inquisitiva y libre de mirar la vida. A medida que el niño madura, hay un influjo de la forma y de la percepción sensorial que concuerda con el proceso evolutivo de ese individuo y con el de su especie. En el caso del joven de dieciséis, el impulso ya ha cambiado de la apertura hacia la acumulación y la ganancia personal. Las luchas de la adolescencia son una liberación de la infancia y de la inocencia hacia la independencia, el conocimiento y el poder.

Incluso en las vidas más maravillosas, generalmente, se arrastra cierta carga. Nace de la identificación con las denominadas acumulaciones personales. Este lastre de la vida, o carga individual, es "la historia".

Una historia tiene que estar magnetizada por un punto de vista. Ese punto de vista es la misteriosa identificación de uno mismo como un individuo particular. Llamémosle el "yo" genérico. El "yo" es el imán que atrae sensaciones y experiencias, que traduce en un relato: la historia de tu vida. Esa crónica es un sueño. Y de ese sueño es posible despertar.

Me encantan las buenas historias. No hay nada de malo en una buena historia. Puede ser profunda, hermosa y entretenida, tanto en sus aspectos sublimes como en su horror. Una buena historia, generalmente, tiene complejidad, misterio, éxito y fracaso; y una verdadera historia tiene una resolución final que la unifica.

Ciertos individuos, en ciertos momentos de su vida, reconocen que no la quieren. Al menos la parte de la historia que no les gusta, que les pesa y que les mantiene identificados con algo menos de lo que anhelan ser. Puede haber muchos intentos de ver la crónica personal individual bajo una luz mejor. Tal vez, incluso, pueda ser vista desde la perspectiva de la verdad. Esto es glorioso y maravilloso, porque, en una vida mejor, uno deja de identificarse como víctima y empieza a reconocerse como héroe o heroína, o incluso, posiblemente, como "un ser iluminado".

La mayoría de los que leéis esto estáis en una posición especial. Con relación a la carga de vuestra vida a los seis años, o a los dieciséis, estáis en el cielo o al menos habéis vislumbrado el estado celestial. Como mínimo lo habéis visitado y reconocéis: "Aquí es donde quiero vivir. El cielo. Porque en esta tierra prometida me dan la bienvenida. Soy ungido, glorificado, adorado y reconocido como el propio hijo de Dios". Esta es una historia preciosa, y no se la quiero quitar a nadie, excepto para los propósitos de nuestra investigación. La verdadera indagación revela lo que está más allá del cielo y del infierno.

Mi maestro me pidió que te aportara esta oportunidad de investigar.

Te estoy pidiendo que averigues cuál es tu historia actual. Si aún hay agresión, victimismo o heroísmo -alguien que te haga algo, o que haga algo por ti, o incluso contigo; cualquier escenario de escape, de logro, de ganancia, de pérdida- reconócelo como un punto de vista y di la verdad al respecto. Esta historia puede ser sutil, y en su sutileza es donde reside su gran poder. En tu voluntad de decir la verdad, ves la historia que se está contando una y otra vez, la crónica basada en un individuo particular llamado "yo". Tiene muchos sabores, colores y sensaciones y es exquisita por derecho propio. Pero no es verdad. "Yo" no existe. El "yo" ha sido fabricado durante al menos tantos años como los años que ese cuerpo concreto que identificas como "mío" ha existido en el planeta. Ha sido producido total, completa y arbitrariamente.

Para oír esto, para realmente oír esto, debes aceptar la invitación a dejar caer toda la historia y preguntarte: Si todo es una elaboración, un montaje, si el 'yo' no existe, ¿qué es real? ¿Quién soy yo? ¿Qué es verdad?

¿Qué perpetúa la historia de "yo"? El deseo

impulsa la historia. Aunque puede haber un afán de soltar la historia, de ver qué es verdad, también hay un ansia de seguir fabricándola. Es imprescindible reconocer esto. El deseo de continuar con la historia, tanto si ha sido visto como si no, se basa en el miedo a no ser nada. Este miedo está apoyado por la creencia de que si sueltas la biografía que has contado tan diligentemente a lo largo de esta vida, no serás nada, morirás. Será el final de "ti".

Si miras con cuidado, verás el esfuerzo consciente, sutil pero poderoso, de mantener la "yoidad" en su lugar. Tal vez ahora sea un "yo" iluminado, pero sigue siendo un "yo". Tienes miedo de que, si no haces un esfuerzo consciente, el cuerpo tal vez se desintegre. Tienes miedo de que si el organismo desaparece, tú también desaparezcas.

En la medida en que hay miedo, en esa misma medida, hay una identificación errónea con tu historia, como si ella fuera la verdad sobre ti. En la misma proporción en que hay identificación entre tu historia y la verdad sobre ti, hay sufrimiento, porque tú no eres una historia. La historia es una mentira, y una mentira es una carga. Un lastre que se mantiene cada mañana, cada día, cada noche. Tal vez al anochecer dejes la mentira de lado para poder dormir profundamente, pero en cuanto el cuerpo despierta la retomas. La historia se aumenta, decora, reordena, fija, equilibra y mejora: se convierte en una carga mejor. No hay nada malo en esto. Si vas a dejarte entretener por una historia, entonces sí, equilíbrala, enderézala, decórala. Pero, generalmente, lo que ocurre es que la historia se convierte en un objeto de adoración, bien en nombre del odio a uno mismo o en el del narcisismo. Entonces "mi" historia se convierte en una carga de sufrimiento.

El primer reto consiste en reconocer que la estás contando. Seguidamente, el desafío es estar dispuesto a dejar de narrarla, en estar presto a morir y, al hacerlo, en estarlo a no ser nada en absoluto. Entonces eso que hemos llamado Ser, o Verdad, o Dios se revela como esa misma nada en absoluto. Te reconoces a ti mismo como esa no-cosa, como nada.

No estoy hablando de la nada tal como la mente escucha esta palabra, como algún tipo de vacío nihilista, plano, muerto. La pura nadeidad es inteligencia consciente. El niño no conoce su nombre y, por tanto, no se relaciona consigo mismo como nombre. Lo hace como inteligencia consciente. La historia del niño pequeño, del adolescente y del humano maduro es la historia del emerger, de la adoración, de la carga y de la liberación del "yo" —fin de la historia— y vuelta a la inteligencia consciente. Se trata de conocerse conscientemente como la inteligencia consciente en la que todos los "yoes" aparecen y desaparecen.

Muchos individuos han despertado a la verdad de que la conciencia individual es inseparable de la universal. Entonces, lo que pueda quedar del impulso de la aparente conciencia individual se ha ido a un convento o se ha aislado de la sociedad. Durante un tiempo, mientras tuvo lugar la absorción de la aparente conciencia individual de Ramana en la conciencia pura del Ser universal, este tuvo que ser alimentado. No había un interés por mantener su cuerpo vivo. Mi profesor Sri H. W. L. Poonjaji (Papaji) tendió el puente entre la vida del *sadhu* —una vida retirada de las interacciones con la sociedad— y la vida de una persona activa. Papaji vivía fuera del *ashram* protegido. Tenía una familia, y un trabajo, y mantenía interacciones cotidianas con otras personas de mentalidad muy diferente, sabiendo en todo momento que él era la totalidad de todo ello.

No sé cuál es el destino de tu vida. Pero, tanto si la vives como un ermitaño como en medio del mercado, estás plenamente capacitado para reconocer la verdad de tu "nadeidad" inherente.

Las cuatro manifestaciones de la mente

La mente se manifiesta como cuatro aspectos básicos. Está el aspecto mental, responsable de la construcción de los pensamientos y las imágenes. El aspecto físico, a través del cual experimentamos las sensaciones físicas, los sentimientos y la energía. El aspecto emocional, en el que los pensamientos se vinculan con ciertos sentimientos y experiencias, que después se constelan como emociones. Y, finalmente, el aspecto circunstancial, por el que las circunstancias de la vida que aparecen en la mente retroalimentan las sensaciones físicas, las emociones, los pensamientos, la visión del mundo, los puntos de vista, la verdad personal, etc. Esta es la experiencia común. No hay nada inusual en ella. Sin embargo, también suele ir acompañada por otra experiencia igualmente común de un enorme sufrimiento.

Finalmente, en una vida concreta, en medio de ese enorme sufrimiento, surgen pensamientos inusuales: "Quiero ser libre", o "quiero que el sufrimiento tenga un final", o "quiero ser salvado", o "quiero encontrar a Dios o que Dios me encuentre".

Estos son pensamientos diferentes de cualquier otro que hayas tenido anteriormente. Indican un distanciamiento radical de la experiencia habitual de la encarnación, del pensamiento, de la emoción, de la sensación física, de la del sentimiento o la de circunstancias. Son una gran llamada de clarín a algo desconocido.

En el mundo hay enseñanzas infinitamente diversas que nos orientan a seguir muchos caminos diferentes. De una manera u otra, la mayoría de ellas ofrecen directrices para practicar o favorecer ciertos pensamientos, emociones, sensaciones físicas o circunstancias. Nos instruyen para que tengamos mejores ideas, o para que consigamos mayores condiciones, o para que nos sintamos mejor, o para que nos divirtamos más. Y, por supuesto, ya hemos probado todo eso. Sin embargo, siempre que perseguimos algo dictado por la mente, es decir, cualquier percepción, cualquier emoción, cualquier impulso, cualquier sentimiento o cualquier circunstancia, tenemos que acabar reconociendo la limitación de esa experiencia.

En este punto de la existencia es donde aparece la más radical de todas las enseñanzas, una que, de hecho, no lo es en absoluto. Cuando uno vislumbra en un instante la absoluta falta de límites del silencio puro (eso que ningún pensamiento, ninguna emoción, ningún estado mental, ni ninguna circunstancia ha podido, ni podrá, captar o contener nunca) resulta tentador tomar ese vislumbre y ofrecérselo a la mente como otro objeto mental. Resulta tentador intentar captar la verdad y obligarla a hacer lo que tú deseas.

Comprende que este es el funcionamiento natural de la mente. Su misión es tomar objetos, sean burdos o sutiles, y apropiarse de ellos. El reto que nos plantea esta misteriosa encarnación es ser completamente consciente de tal funcionamiento.

Como he dicho antes, hay muchas enseñanzas que te orientan hacia la persecución de los objetos mentales. En Occidente, todos nosotros hemos experimentado con ello. La radicalidad de esta no-enseñanza es tomar conciencia de esa tendencia y dejar que se queme a medida que la identificación se traslada del movimiento de la mente al silencio del Ser.

Cuando la mente oye este reto, no puede entenderlo. Esa es su belleza. La libertad del silencio puro e ilimitado sólo puede ser alcanzada y experimentada en el momento presente. No tiene nada que ver con ninguna experiencia del pasado. No tiene nada que ver con nada. Está libre de todos los pensamientos, emociones, cuerpos y circunstancias; y es la verdad de quien eres.

En las enseñanzas espirituales se dice frecuentemente que es extremadamente raro que uno realice la verdad de su ser. Ha sido raro, pero no tiene por qué seguir siéndolo, porque es la verdad de quien uno es. La verdad definitiva es que tú eres ese silencio.

Hasta que el cuerpo se vaya y la mente se acabe completamente, hasta que exhales tu último aliento, debes estar dispuesto a mantenerte completamente consciente del impulso mental de ir hacia o de ir en contra de todos los objetos mentales, emocionales, físicos y circunstanciales. En esa disposición puedes ver la libertad que es la verdad de nuestro ser revelada en la pureza de la no-enseñanza: aquiétate.

Presta atención a lo que ya está aquietado.

Cuanto más experimentas esta quietud, más profundos y sutiles son los retos de detectar la tendencia mental a moverse, a tomar, mantener alejado o negar el movimiento.

Puedes usar tu tiempo de una manera extremadamente rara y preciosa para ver qué objeto está siguiendo tu mente. El silencio no se puede seguir, no va a ninguna parte. Sólo es posible encontrarse con el silencio estando en silencio.

Te invito a renunciar a todos los conceptos sobre tu vida, tu destino, tu propósito, tu pasado, tu presente, tu futuro y a ver lo que no ha sido tocado por este pronombre posesivo del sufrimiento. Y cuando digo "sufrimiento" no estoy excluyendo el placer. El placer y el dolor más intensos están incluidos en el sufrimiento.

La invitación de Ramana, que habla desde el núcleo de tu propio ser, te llama con esta simple frase: "Aquiétate".

Supervivencia sexo y poder personal

A medida que se produce el cambio desde la capacidad proyectiva de la mente hacia su capacidad de descansar, vamos tomando conciencia de que para perpetuar "mi" historia tiene que haber tres grandes líneas argumentales, tres impulsos. En el punto de cambio puedes empezar a reconocer más claramente la obsesión por estas tres grandes líneas y la fijación en ellas. Todos los hilos de la historia se basan en la supervivencia. La línea argumental inicial y fundacional guarda relación con la supervivencia del cuerpo, con todas las ramificaciones más evidentes o sutiles de ese impulso primario. A partir de ese fundamento todas las demás líneas argumentales guardan relación con el sexo y/o con el poder.

Mantienes estos hilos volviendo a contar tu historia innumerables veces, incluso en el mismo día. Inicialmente los hilos se establecen por muy buenas razones. La identificación del "yo" con un cuerpo individual favorece la supervivencia del cuerpo: si el bebé no llora, probablemente morirá. Y se necesita sexo para tener más bebés. También existe la preocupación por la propia posición en el rebaño, de modo que el cuerpo esté protegido (incluso exaltado) para poder sobrevivir.

En este momento, en esta etapa de tu vida, puedes reconocer que estos hilos guardan relación con "mi" historia y con la perpetuación del cuerpo, equiparando el "yo" con el cuerpo. Ahora bien, puede darse un reconocimiento más profundo de que ciertos pensamientos ya no tienen que continuar siendo pensados. De hecho, el problema del hambre ya está resuelto y no tienes necesidad de pensar, planear u obsesionarte con ello.

Lo mismo es válido para el sexo. La perpetuación de la especie ya no es un problema. La energía sexual puede presentarse, pero sentir la necesidad de obcecarse con ella sólo causa un sufrimiento innecesario.

La obtinación por el poder personal —formar parte del rebaño para estar protegido o llegar a lo más alto para tener más poder— conlleva el mismo sufrimiento.

En este momento tienes la oportunidad de detener esta historia innecesaria, de modo que su continuidad inconsciente pueda hacerse consciente. Cuando es consciente, existe la oportunidad de dejar de obsesionarse, de detener la adicción, de dejar de proyectar la historia, de dejar de ensayarla y de confiar en que todos los mecanismos de supervivencia apropiados ya están en su lugar.

Ahora mismo, en tu vida, tienes la capacidad de reconocer que esta corriente de vida, gracias a las bendiciones y a la suerte, tiene alimento y abrigo, tiene tiempo libre y tiene el apoyo necesario para poder ponerse a considerar aquello que es más profundo y significativo que la supervivencia, la procreación y el poder. Este es un tesoro raro y precioso. A lo largo de nuestra historia, y en nuestra situación mundial actual, la mayoría de la gente no tiene esta oportunidad. Pero para ti, que vives en la abundancia, la supervivencia no es un problema. Por supuesto, puedes convertirla en ello. Puedes preocuparte por tener una existencia cada vez mejor, con más garantías, pero, si dices la verdad, la supervivencia ya no es una traba para ti. Tienes que convertirla en un obstáculo. Tienes que perpetuar la lucha, la presión, el llanto, el sufrimiento, la exigencia de garantías. Esa perpetuación es la práctica de contar la historia una, otra, y otra vez —pasado, presente y futuro—, evaluando, comprobando, sopesando y fijando.

Tienes una vida muy privilegiada. Siempre puedes encontrar a otros más favorecidos, pero más fácilmente encontrarás a otros que lo son menos. ¿Qué vas a hacer con este privilegio? ¿Qué vas a hacer con las luchas y con los esfuerzos de tus antepasados para que pudieras tener esta vida afortunada? ¿Cómo vas a pasar tu tiempo? ¿A qué vas a dedicar esta existencia particular? ¿Hacia dónde dirigirás tu atención?

Nadie puede responder a estas preguntas por ti. Cualesquiera que sean tus circunstancias, hay grandes santos, sabios y seres despiertos que pueden llamarte a una vida más profunda. La mayoría de vosotros habéis saboreado todo tipo de placeres sensuales. ¿Dónde está vuestra atención ahora? ¿Está en volver a saborearlos una y otra vez o está liberada para poder hacer una exploración nueva y más profunda?

Ya sabes cómo conseguir comida. Ya sabes cómo conseguir abrigo. Sabes cómo conseguir sexo. Sabes cómo conseguir poder personal. Y sabes que, si tu atención se queda fijada en eso, nunca podrás tener suficiente. Jamás poseeras bastante. Si tu atención está liberada de eso, entonces lo que tienes siempre es más que sobrado. Lo que eres siempre es más que suficiente.

Cuando hablo de libertad estoy hablando de liberar la atención, de permitirle que explore libremente y no de atender obsesivamente aquello de lo que ya te encargaste hace mucho tiempo. Esa batalla ya ha sido librada y, por fortuna, ganada. Ahora, ¿qué vas a hacer con este tiempo de paz?

La mayoría de la gente generará otra guerra. Eso los hace sentirse vivos. Les da algo que hacer, un enemigo con el que enfrentarse, aliados que reunir. El verdadero reto consiste en ser pacífico, en ser quien eres, en honrar lo que de algún modo ya te ha sido dado en esta vida. Honrarlo es compartirlo. Entonces tu existencia se convierte en paz que reconoces por doquier, independientemente de las circunstancias.

El acto más despiadado de una vida

Los libros sagrados y los grandes maestros han dicho frecuentemente que un ser despierto es una rareza. Esto ha sido verdad en el pasado. Que siga siendo verdad en el presente y en el futuro depende de ti. Esto requiere una resolución tal que es inconmensurable. Cuando esta es total, entonces tenerla es lo más sencillo.

A menudo puedo leer las cartas más exquisitas de apertura y profunda realización. Son cartas que te han inspirado y que me han inspirado a mí, pero, en definitiva, estas cartas no significan nada. No representan nada cuando hasta el escritor de las cartas más profundas acaba cayendo en la tentación de los fenómenos. Reflejan la verdad, la despliegan, pero tu vida, tal como la vives ahora, es el reflejo de lo que realmente quieres. Si lo que realmente deseas es la verdad, entonces vivirás rendido a ella, y no al despliegue fenoménico. Tanto si se trata del fenómeno del poder personal, de la excitación sexual o del poder espiritual, todo ello son trampas de la mente.

Cuando los fenómenos que han sido dejados de lado se presentan de otra manera, por otra puerta, prometiendo más gloria, más belleza, más emociones, el patrón habitual es volver a caer en el trance de los placeres pensando: ¡Oh!, sí. He estado esperando esto eternamente. Ya volveré después a la verdad. ¿No das la verdad por hecha cuando haces esto?

Si te rindes a la Verdad que ningún fenómeno puede tocar, eres libre. Entonces tu vida es un faro de libertad. Esta no tiene nada que ver con la comodidad o la incomodidad, con lo que te gusta o te disgusta, con la excitación o el aburrimiento. Es verdadera libertad. La verdad de tu ser es ella, y los fenómenos que se despliegan no son sino simples máscaras, vestimentas, nubes que pasan, momentos químicos/eléctricos.

La resolución no es algo casual. No es trivial. Es la posibilidad más extraordinaria, más rara, y más inusual de una vida. Al abrazar y rendirte a esta excepcional oportunidad, cuentas con el apoyo de todos los seres despiertos, en todos los reinos, a lo largo del tiempo, y después de él. Aún así, depende totalmente de ti. Recibes su apoyo, te animan, te activan, te seducen, pero todo sigue dependiendo de ti.

La verdadera rendición es el acto más despiadado de la vida. Es estar dispuesto a morir a toda esperanza de placer, a todos los deleites. Y después mira a ver qué recibes. No puedes rendirte a la verdad para conseguir más dicha. Has intentado hacer ese negocio y lo que has conseguido es más sufrimiento. Incluso el placer extremo viene acompañado de más padecimiento.

Debes esperar los despliegues más profundos, más vastos, más emocionantes de la tentación fenoménica. Debes aguardar que surja aquello que has ansiado en los rincones más ocultos de tu mente. Tanto si es una realización de poder personal, como la aparición de la anhelada pareja del alma, como de conseguir riquezas, o reconocimiento personal: cualquier cosa que te esté esperando se presentará.

La resolución no es un asunto trivial y lo que la hace complicada es el intento de aferrarse a cierta idea de gratificación personal. Paradójicamente, esto en sí es el infierno. Cuando estás dispuesto a afrontar plenamente cualquier tentación, sea horrible o exquisita, y a morir a todas las fantasías de gratificación personal, descubres que tú eres la gratificación misma.

Esta es la invitación de Ramana y de Papaji. Puedes esperar que se te empuje, que tiren de ti, que te den la vuelta, que te ataquen por detrás y por el costado, que te ofrezcan dulces y flores, que te aporreen. A esto se le llama Leela, el divino teatro de la conciencia. Leela juega muy duro. Si estás rendido a la verdad, entonces el juego sólo introducirá tu mente todavía más en ella. Si, de hecho, estás rendido a alguna experiencia fenoménica, tu mente saldrá de la experiencia de que tú eres la gratificación misma y volverá a buscar "más", o algo "diferente", o "mejor": los nombres de las puertas del infierno.

Investigar la naturaleza de los fenómenos

Parece que se me ha dado una mente muy activa, y el fenómeno del éxito personal es muy grande ahora mismo. Acaba de publicarse mi nuevo trabajo y estoy recibiendo muchos elogios y atenciones.

Si investigas girando la atención de la mente activa hacia sí misma, ¿qué descubres? Los elogios y la adoración vienen y van, tal como el odio y el ataque lo hacen. Si pones tu atención en la corriente de dicha que está dentro de ti, ella revelará un río de dicha. que fluirá naturalmente hacia el océano de dicha. Ese océano de dicha se eleva hacia los cielos de dicha. El cielo del Ser eterno es verdad. Tanto si la vida te presenta rosas como si te presenta cenizas, el cielo del Ser eterno es la

Nota del editor: en los diálogos con Gangaji, las preguntas y comentarios de otros están en cursiva.

verdad. Es posible que te gusten las rosas y que detestes las cenizas, pero la atención a la verdad revela una quietud que está más allá de lo que nos gusta o nos disgusta.

Cuando prestas atención a la verdad, estás reconociendo lo que ningún fenómeno ha tocado nunca —la verdad de ti—; ni a los fenómenos de odio ni a los fenómenos de amor: sólo estás prestando atención a la verdad. Ella es permanente. Los fenómenos son impermanentes. Conoces esta distinción esencial a partir de tu experiencia cotidiana. Esto no es esotérico. Es muy concreto. Las cosas vienen y van. Los pensamientos vienen y van. Las emociones vienen y van. Las respuestas de la gente vienen y van. Tu actitud con respecto a ti mismo viene y va. Bueno, malo, arriba, abajo, excitado, aplanado... todo esto viene y va. La verdad sigue estando presente, viva, disponible, dichosa. Presta atención a la verdad, los fenómenos sólo son idas y venidas. No únicamente son simplemente idas y venidas, en realidad son vehículos para una realización más profunda de la verdad.

Entonces, ¿la verdad no se encuentra también

en los fenómenos? ¿No son uno y lo mismo?

No puedes decir eso hasta haber tenido la experiencia de que los fenómenos no son nada. De otro modo estarás usando un concepto espiritual para justificar el seguimiento de los fenómenos y te preguntarás por qué sigues sufriendo. ¡Olvídate de eso! *Uno ya es demasiados. Lo mismo* es ridículo. Ni siquiera tiene sentido. Ve lo que es inamovible.

El uso de la verdad espiritual para servir a la comprensión del ego es un truco de la mente y a veces adquiere tonos trágicos. Olvida cualquier concepto de que *todo es uno*, porque, si lo recuerdas, lo estarás usando como una justificación para seguir los fenómenos, y esa es la trampa.

Olvídate de todo y en ese instante verás lo que es impermanente. Presta atención a eso. Rindele la mente. Entonces ella no puede estar ocupada. El ajetreo mental viene de atender a los fenómenos. En una mente serena, la realización más profunda ocurre de manera natural porque ya está allí. Al observar los fenómenos, pasas por alto lo que ya tienes, que es lo que, de hecho, esperas que los fenómenos te den.

Éste es un corte despiadado, sin sentimientos. El deseo de hacerlo es la razón por la que la gente se retira tradicionalmente del mundo de los fenómenos y vive la vida de un *sadhu*, de un recluso o de un monje. Pero el mundo fenoménico que debes abandonar es el de tu propia mente. Retírate, al menos durante un instante, de tus interpretaciones, de tus medidas y de tus calificaciones, y en esa retirada contempla lo que ya está disponible. Tienes la oportunidad de hacer una elección realmente libre, de la verdadera intención. Entonces puedes preguntarte verdaderamente: *¿Qué es lo que quiero?*

Puedo garantizarte que mucha gente desea los fenómenos y que dedicarán muchas vidas a perseguir más objetivos, más experiencias. Si lo quieres es la verdad, tómate un momento para soltar todo lo que creías que ella te iba a dar y experimenta lo que ya está aquí. Entonces, y sólo entonces, tienes elección. O bien dices: "Simple y absolutamente elijo la verdad", o dices: "Elijo los fenómenos".

Parece que todo el proceso es simplemente rendirse a lo que es.

Si te rindes a los fenómenos y los llamas "simplemente lo que es", te estás engañando a ti mismo miserablemente. Los fenómenos son lo que viene y va en lo que es. Para poder rendirte a lo que es, en primer lugar debes descubrir lo que es. ¿Entiendes? Lo que es, es verdad: presencia permanente, eterna, inmutable.

La frase "Oye, yo simplemente me dejo llevar por lo que es", es una pauta de malentendido común. Hemos probado todo tipo de cosas en nombre de la libertad, de la verdad y de la libre elección, pero en realidad lo hemos hechos en el nombre de "tengo que ser yo mismo". Eso no es lo que es. Lo que es, es inmutable. Todos los fenómenos surgen de ello, nunca están separados de ello y retornan a ello. Pero en esta profunda enfermedad de la existencia condicionada sólo se presta atención a los fenómenos, y eso produce un sufrimiento inútil.

Es posible detener el sufrimiento innecesario, pero esa paralización no se produce por casualidad. Se trata de dejar de prestar atención a *mí*, y reconocer la verdad del *Es*. Sólo cuando se comprende la verdad los fenómenos dejan de ser un problema.

Si por un instante te rindes al ser en lugar de a los fenómenos, entonces, honestamente, tienes elección. Esto no significa que seas menos ser si eliges prestar atención a la mente. Tal vez te guste sufrir. Tal vez te guste el drama más que la paz. Eso está bien en ciertas etapas, pero ahora es el momento de descubrir la posibilidad de elegir la verdad, la verdad permanente, eterna, que nunca va a ninguna parte.

¿Qué estás protegiendo?

La gente suele preguntarme cómo rendirse, cómo aquietarse, porque rendirse y aquietarse, en realidad, son lo mismo. No hay un "cómo" hacerlo. El "cómo" está en cómo la mente se aferra, en cómo se resiste. Este es un "cómo" muy importante, porque una vez que descubres cómo lo hace y cómo defiende ese aferramiento, la rendición es simplemente dejar de aferrarse. La comprensión de por qué se defiende vendrá de manera natural. No tienes que ir buscando los porqués. Te serán revelados.

El reto consiste en responder de verdad las preguntas: *¿Qué estoy defendiendo? ¿Qué estoy protegiendo?* Entonces puede haber elección. No hay nada malo en proteger y defender. No significa que no seas el Ser. No significa que no vayas a ir al cielo. No significa que no lograrás la realización no dual. No significa nada. Esto es lo bueno de la situación. Pero al dedicar tu actividad, enfoque y atención a cómo proteger, das un falso significado a lo que está siendo protegido.

No estoy hablando del cuerpo. Él no necesita protección. Mientras el cuerpo esté aquí protégelo lo mejor que puedas. Vístelo, aliméntalo y abrígalo. Cuando enferme, déjalo descansar y dale medicinas. De lo que estoy hablando es de algo mucho más cercano que el cuerpo. De lo que tiene un muro imaginario de protección y defensa construido a su alrededor. La tragedia de este muro es que sólo es una defensa contra la realización de tu verdadero ser.

En realidad, indagar qué está protegiendo la mente es lo mismo que hacerlo sobre *a quién* está protegiendo. Me he dado cuenta de que al preguntar *a quién*, a menudo se produce un salto a la comprensión no dual, un salto sobre el muro defensivo y diez minutos después, una hora después, un día después, un mes después, se produce la experiencia de sufrimiento. Me gustaría abordar cuál es la función del muro. ¿Qué protege?

No tienes que demolerlo. Ni siquiera tienes que ver que es una ilusión, que lo que está protegiendo también lo es, y que el protector mismo es una ilusión. Todo eso es verdad, pero, en este momento, di la verdad relativa, con respecto a lo que está siendo protegido, a lo que está siendo defendido. Es la actividad de la mente, la estrategia y la planificación, el conseguir algo o mantener otra cosa alejada. En la raíz de todas estas tácticas mentales hay algún tipo de defensa, algún tipo de protección.

De momento, olvidémonos de que el protector es irreal, aunque lo es absoluta y totalmente. Releguemos que el muro es irreal, aunque lo es total y absolutamente. Veamos lo que creemos que estamos protegiendo, porque, al verlo, la mente tiene la capacidad de soltar, de quedar desprotegida, aquietada. Estar aquietada es ser una; punto.

La teoría del tiempo atmosférico y las emociones

En lo tocante a las emociones, aún vivimos en tiempos fetichistas. Imaginamos que somos sofisticados y realistas, que hemos relegado las supersticiones a otra era, a otro tiempo en el que la gente veía un eclipse solar y pensaba que Dios les había abandonado, y gritaban: "¿Qué hemos hecho? ¿Qué tenemos que hacer para que la oscuridad se aleje del sol?". Entonces, después de realizar rituales, evidentemente esta se retira, y se producía una gran alegría y liberación. Estos ritos tenían que repetirse una y otra vez para impedir que volvieran las tinieblas. Cuando finalmente regresaba la oscuridad, había que diseñar nuevos rituales.

Resulta fácil ver las supersticiones del pasado, pero solemos estar ciegos a las prácticas fetichistas de nuestros días. Una de estas es la relación que mantenemos con nuestras emociones. A menudo nos aferramos a ellas como si fueran señales de Dios. Indicios de estar ungidos o bien de haber sido expulsados del Jardín. Esta relación supersticiosa es causa de mucho sufrimiento.

Por ejemplo, es posible que surja el miedo, tal vez como parte de nuestro equipo genético que está diseñado para la supervivencia. Como somos psicológicamente sofisticados y hemos leído abundantes libros que nos dicen que si hay miedo no puede haber amor, nos preocupa mucho tenerlo. Entonces dedicamos una gran cantidad de tiempo y energía a librarnos de él. Esta es una conducta supersticiosa. Queremos liberarnos de las denominadas emociones negativas y, por eso, para lidiar con ellas, hemos construido sofisticadas técnicas psicológicas y meditativas, distintas ventanillas de escape. Hemos construido todo esto en torno a la creencia de que estas emociones real, e inherentemente, significan algo, en lugar de contemplarlas sencillamente como el tiempo atmosférico. Viene una tormenta y es muy desagradable: ciertas cosas se ven trastocadas, otras quedan arruinadas, pero la tormenta pasa.

Cuando surge la ira, el miedo o la desesperación tenemos la oportunidad de tomar un momento, de no hacer nada con ellos, de no expresarlos ni negarlos, de simplemente estar aquietados *siendo ellos*. Entonces se revela un descubrimiento maravilloso.

El sol mismo nunca está eclipsado. Si estás lejos de él y pasa una oculta que lo nubla, parece que el astro hubiera desaparecido, pero, desde el punto de vista del sol, la luz continúa brillando.

¿Qué pasa si retiramos el significado de las emociones? ¿Dónde queda entonces nuestra identidad tal como la conocemos? Tal vez la subcultura con la que te identificas considera que las emociones son una prueba de profundidad. En comparación con la insensibilidad, la experiencia emocional quizá lo sea más; pero en nuestra arrogancia asumimos que nuestras emociones y pasiones son nuestra verdad más profunda. Cuando expresamos externamente estas pasiones, cuando cedemos a ellas o nos identificamos con ellas, en realidad sólo nos distraemos de la verdadera pasión, de la llamada hacia las profundidades donde no hay un "tú".

No te estoy recomendando que no sientas emociones. Te recomiendo que las experimentes completamente hasta su núcleo mismo. Y cuando hablo de experimentar no estoy hablando de expresarlas hacia fuera. La expresión de la emoción tiene su momento y su lugar, pero aquí estamos hablando de experimentar directa y completamente, y es raro que la gente supersticiosa viva fenómenos intensos directa y completamente.

Tal vez uno de nuestros antepasados simplemente experimentó el eclipse de sol sin hacer nada. ¡Qué alivio! Entonces esta persona pudo gritar al resto de la familia humana: "¡En realidad no significa mucho! ¡Es cierto! Se pasa sin que tengas que hacer nada".

Cuando estés dispuesto a experimentar totalmente cualquier fenómeno emocional, sea de enfado o felicidad, miedo o valentía, descubrirás que en realidad ni siquiera existe. Estando dispuesto a experimentar totalmente quien crees ser, descubrirás que en realidad no existe. Solamente lo asumimos, y esa suposición se basa en nuestras sensaciones y en conclusiones con respecto a ellas. Todo ello nos mantiene en la periferia, en la superficie, en lugar de sumergirnos en la profundidad de la experiencia.

Cuando descubres que estas emociones,

estos fenómenos sensoriales, en realidad no existen como tú crees que lo hacen; cuando descubres que este pensamiento o fenómeno llamado "yo" en realidad no existe como tú pensabas que existía, entonces averiguas lo que sí existe, lo que la existencia es. ¡Qué descubrimiento! Reconoces que cualquier apariencia que adquiera un fenómeno no es nada, y que no hace falta negarlo ni luchar contra él.

El uso adecuado
y hábil
de las emociones

La última vez que te vi, dije que quería quemarme. Desde entonces he tenido varias experiencias de quemarme. Hace un par de días desperté en medio de la noche y por primera vez en mi vida sentí verdadero miedo. Al principio me involucré mentalmente con él y pensé: ¿De dónde viene esto? ¿Viene de otra vida? ¿Cómo puedo explicarme esto? Finalmente me permití simplemente estar con el terror, y continuó viniendo una y otra vez. Gradualmente tuve la sensación de caer a través de él. Simplemente estaba allí, y el miedo me atravesaba.

Y esta mañana, ¿cuál es tu experiencia?

Que el miedo puede ir y venir, y que hay una parte de mí que está separada del miedo.

¿Qué es esa parte?

Es lo que está aquí cuando el miedo está presente y también cuando el miedo no está presente.

Entonces, ¿hay una parte de ti que es independiente del miedo, que existe tanto si hay miedo como si no?

Sí.

Cuando surge el miedo, ¿existe independientemente de esa parte?

No. El miedo es parte de lo que está observando y experimentando.

¿De modo que el miedo es parte de la totalidad y, sin embargo la totalidad es la totalidad, con o sin miedo?

Sí.

Excelente. Hay un término budista que resulta muy útil: "medios hábiles o adecuados". Estos medios hábiles son el uso correcto de la emoción. La utilización adecuada del miedo es afrontarlo conscientemente, sin defensas. Entonces se revela de manera natural lo que es total, lo que queda cuando eso que pasa ya ha pasado. Estas comprensiones son naturales. No son aprendidas, no son teóricas, se descubren directamente.

Hablo mucho del uso habilidoso de las emociones porque las estas surgen, en muchos casos, con una gran fuerza y nosotros somos una cultura particularmente emocional. Como no necesitamos dedicar toda nuestra energía al sustento del cuerpo, tenemos una enorme cantidad de ella que busca algún lugar donde fijarse. En nuestra cultura, tiende a afianzarse en las emociones. Queremos librarnos de algunas y conservar otras. Esta respuesta de deseo/aversión nos conduce a construir barricadas mentales. Estas, a su vez, dan lugar al sufrimiento.

Tenemos la superstición concreta de que no podemos afrontar el miedo y el terror, de modo que dedicamos enormes cantidades de energía a construir una barricada contra ellos. Sin embargo, en medio de la noche o en alguna circunstancia imprevista, vemos lo frágiles que son esas barreras.

Los medios hábiles son la capacidad de reconocer ese pozo de terror y de no apartarnos de ese reconocimiento, de encontrarnos conscientemente con él. Esto es lo que estás contando. Encontrarse consciente, plena y completamente con cualquier cosa que se presente es despertar, porque encontrarse con cualquier cosa plena y completamente revela el Ser, revela lo que es. Encontrarse plenamente con todo revela que cualquier cosa con la que nos encontremos es algo que pasa a través de eso que se encuentra con todo, eso que es permanente.

Me siento feliz de escuchar este caso en el que alguien está dispuesto a encontrarse conscientemente con cualquier cosa de la que la mente haya intentado protegerse. Este encuentro revela quietud: la quietud encontrándose con la quietud. La revelación, la comprensión, la realización que surgen de este encuentro es aquello hacia lo que han apuntado todos los trabajos espirituales a lo largo del tiempo.

Ya eres total

Mi lucha tiene que ver con la sensación de que yo no sé vivir, de que me limito a existir.

Existir no es el problema. El problema es pensar que sabes vivir, y después esforzarte por hacer que la vida concuerde con ese pensamiento. Recientemente leí una cita preciosa: "¿Sabes cómo hacer reír a Dios? ¡Cuéntale tus planes!". Sí, es un buen chiste. El problema es imaginarse que la vida puede ser conocida, que podemos seguir un manual "de cómo hacer las cosas".

Naces, existes y tienes una vida. Si la vida te cambia completamente porque enfermas y te encuentras en un cuerpo que te resulta extraño e incómodo, entonces comienzas a luchar internamente por volver a ser quien eres.

¿Quién?

Me he perdido.

Sí. Lo que estás describiendo es el "estar perdido". Primero imaginaste que eras un cuerpo que vino al mundo y que está sometido a la enfermedad y al sufrimiento, como todos los demás cuerpos. Esta es la naturaleza del nacimiento y de la muerte. Después te perdiste en tu identificación con ese cuerpo que nació. La verdad de quién eres nunca vino al mundo, ni siquiera está sujeta al nacimiento. Es lo que da lugar a ello. Lo que hay antes del nacimiento. Eso es quien tú eres. En esa realización tú eres hallado y, en ese hallazgo, gritarás: "¡Nunca estuve perdido! Sólo imaginaba que estaba perdido en un cuerpo, luchando por descifrar mi situación".

Tú estás *aquí*. Como quiera que te imagines ser, estás aquí. Imagínate como un cuerpo, estás aquí. Imagínate como Dios, estás aquí. Imagina que no tienes ningún valor, o que eres superior, o que no eres nada, sigues estando aquí. Mi sugerencia es que abandones toda imaginación, *aquí*.

No puede haber confusión a menos que estés tratando de encontrarte en tus pensamientos. No puedes encontrarte allí. A veces tus pensamientos son buenos y a veces son malos. A veces son pensamientos abiertos y a veces cerrados. Tú eres antes que todos los pensamientos. Simplemente dirige tu atención a aquéllo que es antes de todo pensamiento. No tienes que ir a ninguna parte para ese retorno porque eso que es anterior a todo pensamiento nunca ha nacido y no está sujeto a ir y venir, a aparecer y desaparecer. Es antes que el pensamiento, durante el pensamiento y después del pensamiento. La eternidad es anterior, en medio y después de la confusión.

En algún momento de tu vida surge una madurez en la que dejas de imaginar que puedes hallarte a ti mismo en cualquier comprensión mental o en cualquier pensamiento. Entonces, independientemente de los pensamientos, cualquiera que sea la confusión que surja, no buscarás tu liberación en los pensamientos. Ese momento es ahora. Ahora no significa en el presente. *Ahora* es antes del pasado, del presente y del futuro.

¿Estás diciendo que simplemente es?

Sí. Estoy diciendo que *tú eres*. Antes de este

cuerpo, después de este cuerpo y durante este cuerpo, *tú eres*. Ahora bien, si sólo entiendes esto intelectualmente, no habrá liberación. No estoy hablando de una comprensión mental. Estoy hablando de la realización. La realización no llega cuando se busca en los pensamientos. Existe la idea de que si piensas el pensamiento correcto, como "yo soy Dios", o "soy libre", o "estoy iluminado", o "estoy realizado", o "yo soy Eso", todo quedará resuelto. Pero estas declaraciones vienen después de la realización. ¿Entiendes esto?

Creo que sí. ¿Estoy confusa porque estoy tratando de curarme a mí misma con mis pensamientos?

Sí, estás tratando de curar lo que ya es total. Y eso es muy confuso.

Los médicos me han dicho que puedo curarme a mí misma, y ahora tengo esperanza y estoy pensando que tal vez pueda.

Pero cuando te refieres a ti misma, sigues hablando de tu cuerpo. En último término, el cuerpo no puede ser curado. Puedes curar una cosa, pero más adelante alguna otra fallará. En definitiva, todos los cuerpos tienen un fin.

De acuerdo. Lo que trato de decir es que el bloqueo no es el cuerpo, es el dolor.

No, ni siquiera es el dolor. Es cierta relación con el dolor. Es el pensamiento: "No, no quiero el dolor". La razón por la que surge este pensamiento es que identificas tu cuerpo con quien eres. Imaginas que las experiencias que llegan a ti a través del sistema sensorial guardan relación contigo, que pueden desgarrar, atravesar o fragmentar quien eres. A eso se lo llama existencia condicionada, y estás tratando de sanar eso, de volver a juntar las piezas.

Cada vez que intento hacer algo para cambiar la energía tengo que enfrentarme constantemente con el caos, los bloqueos, las pruebas y con hacer más esfuerzos.

¿Que pasaría si ahora mismo no trataras de cambiar nada? En ese caso, ¿cuál sería el problema?

Bueno, hoy es la primera vez en cuatro años que he sido capaz de sentarme cómodamente en el suelo y meditar. Al hacerlo, me he dado cuenta de que otras veces que había meditado, en el pasado, sentía calor y empezaba a toser, pensaba que estaba saboteando mi meditación. Entonces simplemente me abría y era como si entrase una brisa por la puerta.

Pero aún sigues hablando del cuerpo. Él cuerpo está sujeto a la comodidad y a la incomodidad. Está sometido a la fragmentación, puede ser pinchado y atravesado. Está sujeto a la muerte. No es hacia eso hacia lo que yo estoy apuntando. Estoy apuntando hacia quien tú eres, a eso que no puede ser pinchado porque no es una cosa, a eso que no puede ser fragmentado porque nada puede ser separado de ello. Mientras sigas identificándote con este cuerpo, habrá sufrimiento. Habrá placer y también habrá sufrimiento. Por un momento deja de intentar cambiar nada. Deja de intentar conservar, deja de intentar alejar. ¿Ves? Lo has vislumbrado en ese momento, y ha habido paz.

El cuerpo se pudrirá. Eso ya lo sabes. Algunos cuerpos empiezan antes que otros.

Esto lo observas en las plantas y en otros animales. Algunos de ellos se mantienen muy saludables y vitales, otros no. Así es la naturaleza de la forma. Quien tú eres no está sujeto a putrefacción.

No te estoy diciendo que no cuides tu cuerpo. Estoy diciendo que no podrás hacerlo realmente hasta que te des cuenta de que cuidarlo no tiene nada que ver con quien eres. En primer lugar despierta a quien eres, entonces, si cuidas o no el cuerpo es secundario. Hasta que despiertes confundirás atenderlo con encontrar la felicidad.

El cuerpo se interponte en mi camino porque me gusta mantenerme enfocada y equilibrada, y el dolor corporal parece impedir eso, me siento en un caos...

Eso solamente es más confusión. Es unicamente una idea. Suéltalo todo. No intentes cambiar nada. No trates de conservar nada. No rechaces nada. Entonces ¿qué es lo que importa?

El miedo.

¡Miedo! ¿Dónde? ¿Dónde está?

Ahora dime la verdad. En ese momento en que te has dado la vuelta para encontrar el miedo, en ese mismo momento en que te giraste para mirarlo, ¿qué descubriste? No me mientas o te tiro algo.

(Riéndose) ¡Me estás dando más miedo!

Yo no veo ningún miedo. En el instante en que miraste no había miedo. No había nada. Te encontraste con él investigando, indagando, con inocencia. Para volver a tener miedo tuviste que volver a fabricarlo. Pensaste: "No puede ser así de simple, no puede ser así de fácil". Bueno, pues lo es.

Ahora aquiétate. Mantente abierta. Deja de contarte una historia sobre lo que tiene que ser y lo que no tiene que ser: "Si mi enfermedad estuviera curada, estaría curada". Este tipo de actividad mental es una adicción. Es una enfermedad mental y te distrae de lo que siempre es pleno y saludable. Tú eres eso que siempre es pleno y saludable.

Cuando reconozcas eso, entonces sí, cuida tu cuerpo. Cuida la Tierra. Cuida a tus hermanos y hermanas, a tus padres, a tus amantes, a tus hijos. Pero primero realiza tu ser, de otro modo este "cuidar a" sigue siendo un intento de extraer salud y plenitud de una imagen mental. No sirve de nada. No funciona. Ciertamente, ahora te has dado cuenta de que no funciona. Es el trabajo del diablo, de Lucifer. El diablo es la tiranía de la mente.

¿Conoces la historia de Lucifer? Lucifer abandona la mano derecha de Dios y desciende a su propio reino donde él puede mandar, donde puede decir lo que es y lo que no es. A eso se lo llama Infierno. Cuando Lucifer retorna a la mano derecha de Dios para postrarse finalmente como Su sirviente, entonces es fiel a su nombre, Ángel de Luz. Cuando la mente reconoce que sólo es una servidora de Dios, entonces la mente es útil.

Cuando nada es algo

Recientemente tuve una conversación con alguien que había pasado por un periodo de sufrimiento. Varias veces, durante nuestros encuentros, esa persona dijo: "Pero ya sé que no es nada. Entiendo que no es nada". Ésa es la verdad, no *es* nada, pero estaba claro que esa persona no había tomado verdadera conciencia de ello. Para evitar ese descubrimiento directo estaba usando este mantra: *Ya sé que no es nada, que no importa; realmente no es nada, en realidad no está pasando nada.* Éste es el peligro, tomar la verdad y filtrarla a través de la mente hasta que se convierta en otro mecanismo de defensa. Esto es algo que cabe esperar, de modo que mantente alerta a este peligro. Decir que el sufrimiento no es nada, o incluso recordar una experiencia en la que se reveló que no era nada, es inútil. Asume que es algo, asume que es real y después mira: ¿qué es?

La manera habitual de lidiar con la incomodidad, desde la más leve hasta la más extrema, es intentar esconderse o escapar de ella. Ese escape asume muchas formas distintas. Conoces bien esas formas. Generalmente hay un culpar. Culpas a otros por tus faltas, o por las faltas de otro, o por las del mundo. Hay justificación. Te inventas excusas por regodearte en el sufrimiento y en la negatividad. Das peso, preeminencia e importancia a la excusa. Hay una negación del sufrimiento. Actúas como si no pasara nada, entras en una especie de trance disociado y vas caminando por ahí como una piedra diciendo: "No me pasa nada".

Todas estas estrategias tienen su lugar en el desarrollo de la conciencia individual. A una mente inmadura le pueden ocurrir cosas que sean demasiado grandes para poder manejarlas y por eso se inventa estrategias para sobrellevarlas. No hay nada malo en ello. Son apropiadas en ciertos momentos y lugares. Pero cuando un individuo llega a un nivel de madurez particular, surge el deseo de conocer la verdad. El ansia de ver con claridad muestra la futilidad de todas las estrategias. La madurez descubre que no es posible escaparse encubriendo, negando, expresando descontroladamente o culpando. Uno reconoce que el sufrimiento evitado mediante las estrategias no hace sino agrandarse, porque intervienen más pensamientos, más historias y más emociones. En ese momento uno puede desilusionarse y sentirse incapaz de huir. Esta decepción es el comienzo del potencial que tiene la mente para abrirse y descubrir que es posible afrontar el sufrimiento plena y directamente. Si el padecimiento vuelve a aparecer, el reto consiste en afrontarlo sin recordar lo ocurrido en el último encuentro con él. Afrontar el sufrimiento con mente abierta es sufrir conscientemente. Y ello es liberarse de la reacción de escapar. Cuando te liberas de la tendencia a huir, puedes darte cuenta, finalmente, de qué es realmente el sufrimiento.

En un verdadero encuentro se produce una explosión de amor, claridad y verdad. La esencia de uno mismo se revela de profesor a alumno, de amigo a amigo, de amante a amante, de padre a hijo, de mente a sufrimiento. Si empiezas a imaginarte qué te traerá el próximo encuentro, el verdadero encuentro se pierde, porque ahora es propiedad del pasado y la tendencia a evitar el sufrimiento empieza a enraizarse de nuevo. Al principio puede ser sutil y después, a medida que es fertilizada por la negación, la justificación, la culpa o la conceptualización de que no es nada, el sufrimiento se intensifica.

Este es el filo. Mientras haya un cuerpo funcionando y existiendo en este mundo aparente, habrá mente. No puede haber un cuerpo sin mente. Esa mente puede ser pacífica, abierta, *sáttvica*, acogedora, investigadora, o puede estar cerrada, disociada, ser una mente culpante y fabricadora de estrategias. En esta vida tenemos la oportunidad de decir la verdad sobre lo que está ocurriendo en la mente.

Debes ser consciente de la tendencia de la mente a tomar cualquier enseñanza y convertirla en otra estrategia, en otra excusa o en otro intento de escapar. No hay nada malo en eso. No es que esté equivocada o sea mala. Sólo está siguiendo su naturaleza. De hecho, esto es muy útil. Darte cuenta de esto te lleva a sentir humildad. Es el antídoto contra cualquier noción de arrogancia, superioridad o del intento de alcanzar algún lugar donde no puedas ser tocado. Cuando estás dispuesto a sentir y a decir: "He sido tocado por esto, duele, ¿qué es?", entonces verás lo que no puede ser tocado, pero no antes. Si es antes, es un truco de la mente, que es una gran especialista en todo tipo de ardides. Si te gusta el juego duro, entonces es una delicia. Evidentemente, te gusta recrearte estoicamente.

La vigilancia exigida es estar dispuesto a decir despiadadamente la verdad sobre la identificación. A decirla sobre cualquier historia que pase por la mente. Si hay emociones fuertes y continuas tienes que reconocer que se está contando una historia, aunque no seas consciente de su contenido. Tal vez sea subverbal. Tal vez no llegue a ser consciente, pero sigue habiendo cierta historia de sufrimiento y sobre un sufridor. Estando dispuesto a decir la verdad tienes la oportunidad de encontrarte con cualquiera de los dos. Ambos encuentros son autoindagación. Los dos revelan la inexistencia del sufrimiento y la inexistencia del sufridor. Pero esto sólo se desvela en un verdadero encuentro, no en un concepto. El concepto es simplemente un apoyo para creer en un sufridor que dice que no cree en el sufridor. Decir que no está pasando nada en realidad favorece que ese algo crezca todavía más.

Las emociones no son un problema. Las emociones forman parte de la textura de la vida. Enfado, miedo, pena y tristeza son como la meteorología cambiante. Pero la continuidad de cierta emoción a lo largo del tiempo indica que la mente está fabricándose cierta historia, con pensamientos sutiles o no tan sutiles, y que después va añadiendo otros sobre los primeros.

Este es el desafio más complicado. Es un reto espiritual. Antes de esto, son simplemente ir tirando, mantenerse de una pieza, encontrar un escape. Este es otro nivel de reto, y no es para encontrar una huida, no es mantenerse de una pieza, no es para hacer que todo sea tranquilo y seguro. Este desafio es nada menos que la invitación a la verdadera vigilancia.

Buscando la mente aquietada

He estado viéndote en vídeo, y he sentido una gran claridad y revelación. Ha habido días en los que me he sentido muy centrado y la mente ha estado muy serena. En el pasado he hecho mucha meditación y tengo esta idea de que verdad o iluminación significan una mente aquietada. Ahora la meditación ya no parece funcionar para mí. Cuando me siento a meditar me pregunto quién está haciendolo, y simplemente no ocurre.

¿Qué es lo que no ocurre?

Sencillamente ya no es satisfactorio. He practicado la Meditación Trascendental y otras técnicas y he visto que la meditación sigue siendo algo de la mente.

Entiendo que la palabra meditación significa "no-mente". El momento de meditación es el momento en que se reconoce que la no-mente está en el núcleo de toda aparición de la mente.

Tengo esos momentos de reconocimiento periódicamente a lo largo del día, pero generalmente, cuando tengo un pensamiento, me pierdo en él.

¿Te pierdes? ¿O quizá ese pensamiento: "Estoy perdido en mis pensamientos", simplemente es otro pensamiento que te estás creyendo? Asumimos que los pensamientos tienen validez, pero comprueba y verás. ¿Estás perdido en tus pensamientos?

No en este momento. Pero cuando vuelvo a mi otra vida la mente sigue parloteando, y siento que debería estar callada.

¿No es ese pensamiento, "siento que la mente debería estar callada", el más ruidoso de todos? Pero, de algún modo, crees que ese pensamiento particular es válido, como si fuera un "super" pensamiento.

¿El de estar callada?

Sí, el pensamiento de que la mente debería estar callada. Los pensamientos: "La mente debería estar callada... pero, ¿por qué no lo está?" Crees en la autoridad de esos pensamientos y creer en ese dominio es una alteración de la quietud. El silencio está presente de manera natural. No es una cuestión de que debería estar aquí.

Cuando piensas: "Estoy perdido en mis pensamientos, y no debería estarlo", simplemente detente un minuto y cuestiona esa suposición. Cuestionar directamente la suposición es preguntarte: "¿Quién está perdido?"

Sí. Cuando todo ese parloteo mental continúa, me pregunto: "¿Quién está escuchando todo esto?"

¿Y qué descubres?

Nadie.

Y en ese momento, ¿dónde está el parloteo mental?

En ese momento no está en ninguna parte. Pero después ese instante se pasa, y la verborreamental vuelve a empezar.

Correcto. Los pensamientos siguen volviendo porque han sido alimentados vida tras vida. No sólo durante tu vida, sino durante las de tus antepasados, las de tus vecinos y durante todas las vidas colectivas de pensamientos que han sido nutridos con más de ellos.

El pensamiento es un poder muy hermoso. No es el enemigo. Sólo es pensamiento. Es un producto de la imaginación y puede ser exquisito. Es capaz de ser un velo precioso sobre la realidad o uno horrible. Pero cuando se investiga el pensamiento, se descubre que no está separado de la conciencia misma. Es la conciencia jugando consigo misma. Pero en ese juego, de algún modo ella piensa que está perdida y ese pensamiento genera otros pensamientos sobre cómo encontrarse a sí misma, sobre lo que se necesita y lo que no se hizo bien. Cada capa de pensamiento se tensa más y más, su enredo aumenta.

Da la sensación de que los pensamientos son

algo que se fuera juntando y apretando.

De acuerdo, esa es la sensación que dan. Pero, cuando investigas el pensamiento, *¿qué es?*

Es lo mismo que el vacío.

Correcto. Esto es evidente. No es esotérico. No es porque hayas hecho cien mil postraciones, o porque hayas estado practicando la meditación o porque no lo hayas hecho. Simplemente, cuando investigas directamente la naturaleza del pensamiento, la atención de la mente se vuelve hacia sí misma, hacia la autoindagación, en lugar de girarse hacia fuera, de construir pensamientos sobre pensamientos.

¿Quién está realmente aquí? ¿Qué está realmente aquí? ¿Qué está pasando verdaderamente? Nada puede sobrevivir a esta investigación excepto la nada absoluta.

¿Se llega alguna vez a un punto en el que el silencio es más aparente que los pensamientos?

¿A quién le importa? En este momento,

dime, ¿a quién le importa?

No lo sé.

Cuando realmente diriges tu atención hacia el silencio, ¿continúa la medición? ¿Sigue habiendo más comprobación para ver *si ya he llegado allí?*

Ahora mismo no. Pero es muy fácil en tu presencia.

Este es el sentido de esta relación, darse cuenta de lo fácil que es la autoindagación; Este regalo viene de Ramana y de Papaji. Experimenta la falta de esfuerzo que supone, la absoluta facilidad, y aprovecha la oportunidad para dejar de adorar los pensamientos y de creer en ellos. Ni de que los pensamientos estén equivocados. No se trata de quedarse en blanco. Simplemente es cuestión de ver que los pensamientos son pensamientos, y de que lo que no es pensamiento, lo que no puede ser pensamiento, es quien tú eres.

Realización sin esfuerzo

Estaba leyendo a Ramana y él dijo que los esfuerzos hacia la autorealización sólo se pueden hacer en el estado de vigilia. Entonces surgió la pregunta en mi mente: "¿Quién está haciendo los esfuerzos?"

Esa es una muy buena pregunta.

No puede ser el ego, pues ¿por qué participaría el ego en su propia aniquilación?

Ramana dijo que el esfuerzo sólo guarda relación con el ego.

[En este momento la banqueta de madera en la que se sentaba la persona que estaba preguntando se rompió repentina e inexplicablemente].

¡Vaya! Hablando de que te quiten el suelo

bajo los pies. ¡Vaya! Entonces, la pregunta...

¡Oh!, ¡vamos a descansar un momento en la belleza de esto! ¡El soporte del aparente interrogador simplemente se deshace!

De acuerdo... entonces, ¿el Ser se ha olvidado de sí mismo?

Lo parece.

¿Por qué?

Para que aparente que se recuerda a sí mismo.

Entonces es sólo un juego, ¿correcto?

¡Sí! Porque en el instante del verdadero recuerdo del ser, ¿puedes decir que haya sido olvidado alguna vez?

No.

Correcto.

Entonces, ¿es verdad lo que leí en el libro de

Ramana, que no hay nada que realizar? Por fin la verdad última tiene sentido. No hay creación ni destrucción. No hay mente ni cuerpo ni mundo. No hay ni atadura ni nadie que esté atado. No hay liberación ni nadie tratando de alcanzar ese estado.

Entonces, ¿cuál es el problema?

Entra una duda en mi mente que dice: "¿Eso es todo? ¿Sólo eso?"

Si a la realización que acabas de expresar le sigue: "¿Eso es todo?", entonces no ha habido realización. Tal vez se haya entendido de cierta manera, quizá haya un recuerdo de una experiencia que valide las palabras, pero la realización misma es enorme. No queda disminuida en ningún sentido. Tomar conciencia de que todo es esencialmente inexistente no es una merma. La disminución última no es una mengua.

La mente busca un lugar con el que identificarse, un lugar de uno al que agarrarse, y lo clasifica todo basándose en las experiencias del pasado. Estás leyendo el libro de la verdad de Ramana, tal vez por primera o enésima vez, y ahora, debido a algunas otras experiencias, las palabras están encontrando cierto sentido. Pero si tu conclusión es: "¿Es eso todo?", pon ese libro a un lado. Pon todas las palabras de Ramana, de Gangaji o de quien sean a un lado. Deja que todo el suelo se abra, sin agarrarte a nada, sin apoyo, sin ignorancia, sin liberación, sin cuerpo. Suéltalo todo. Dios, alma, todas las cosas a las que te has agarrado a lo largo del tiempo te han llevado a este punto. Ahora cae a través de él.

De modo que todas las grandes experiencias internas ocurren por medio de la gracia y, en realidad, no hay nada que el ego pueda hacer para llevarlas más lejos.

La verdad es que el ego no hace nada en ningún caso. El ego es un pensamiento, como una vestimenta. Y estas no hacen nada. El ego es inanimado.

Es un impostor.

Sí, pero no un impostor como entidad. Es un impostor como máscara, como persona, como velo o como un jersey. Deja de identificar erróneamente al Ser como su vestidura. Puede haber algún residuo de apariencia de vida en el ego, como cuando te quitas un jersey que has llevado puesto durante mucho tiempo, ¡puede parecer que se sostiene por sí mismo! Y podrías pensar: "¡Oh, no, viene a por mí!". Pero si lo examinas te das cuenta: "En realidad no está vivo. Es mi jersey, una prenda de ropa. Simplemente tiene el residuo de mi vida en él".

Cuando me siento frustrado me reconforta recordar que todo esto no es sino un juego. ¿Es realmente todo una cuestión de olvidar y recordar?

No, la cuestión es más profunda. El recuerdo más sagrado puede servir como faro, como señal. Pero la verdad es que al soltar esa evocación, al no referenciar ningún momento a ningún otro, por más sagrado que sea, hay una revelación de lo que es permanente, de lo que no está localizado en alguna experiencia en de momento dado, sino que está aquí ahora. Eso que es permanente lleva puestas todas las vestiduras y las descarta enteramente. Parece recordar y parece olvidar. Aparenta renacer y morir.

¿De modo que incluso las experiencias sagradas que he tenido pueden ser una trampa?

Sí, incluso las experiencias más profundas, cuando se recuerdan, pueden ser una trampa. No estoy diciéndote que las descartes o las trivialices. Simplemente reconoce que esas experiencias pueden convertirse en objetos. En esa objetificación vuelve a pasarse por alto el omnipresente que dio lugar a la experiencia, el sujeto que está presente antes y después de ella, que no puede ser olvidado, y en verdad tampoco puede ser recordado, porque no puede ser congelado y convertido en un concepto memorístico.

Quería decir una cosa más. Alguien me dijo una vez: "Si te sientes atraído hacia Gangaji, eso significa que estás preparado para renunciar a la búsqueda". Y lo que yo pensé fue: "De acuerdo, mi búsqueda terminará siguiendo a Gangaji eternamente. Y lo que he entendido hoy es que la búsqueda realmente se detiene aquí. Se para aquí. Dejo de buscar. No voy más lejos, aquí".

Eso es. Entonces no estás siguiendo a Gangaji; estás siguiendo a lo que detuvo a Gangaji. Esa es la verdadera enseñanza, y no es algo que Gangaji pueda instruir. Papaji me dijo, y cada vez veo que es más cierto: "La verdadera enseñanza no deja ninguna huella en absoluto".

¿A qué te refieres con "lo que detuvo a Gangaji"?

Eso que te detiene a ti.

Ahora tengo miedo.

Tienes miedo porque aún te percibes separado de eso que lo detiene todo, eso que es la presencia inamovible del Ser.

Le dije eso mismo a Papaji. Le dije: "Oh, tengo miedo", y él se rió y me dijo: "Sólo tienes miedo porque te imaginas separada de la totalidad de la conciencia. Cuando sepas que eres conciencia y que todo está contenido dentro de ti, no tendrás miedo".

Es la hora de decir la verdad

A lo largo de los años de viajar por el mundo y de hablar con la gente he visto con claridad que hay un profundo, intenso y verdadero deseo de "despertar", sea lo que sea que eso signifique para cada individuo particular. Hay un sincero anhelo de realizar la divinidad, de alcanzar la verdad, de detener la violencia, de frenar el odio, de parar el sufrimiento y de despertar a lo que es posible en esta vida. Si quieres hacerlo al cien por cien, si eso tiene prioridad sobre cualquier otra cosa, entonces despiertas inmediatamente. Esa es la verdad. Apuesto mi existencia en ello. Ella es una garantía de que si quieres despertar a tu verdadera naturaleza, si quieres eso totalmente, lo harás.

El mayor obstáculo para el despertar que he visto hasta ahora es que, en realidad, se desea para alguna otra cosa. Para sentirse mejor, para no tener que ser la misma persona que crees ser ahora, para obtener reconocimiento o para olvidar todas las cosas malas que has hecho o que te han hecho. El despertar se desea como vehículo o como herramienta, y se produce frustración cuando no te la dan. Esto no funciona. La verdad debe ser deseada por sí misma, independientemente de las consecuencias que pueda acarrear. Esta es una realidad chocante. Estamos muy acostumbrados a desear algo que mejore nuestra vida personal, y Dios sabe que lo hemos intentado. Por suerte, la mayoría de nosotros nos sentimos profundamente desilusionados ante la posibilidad de ser rescatados; de conseguir alguna otra cosa que satisfaga este verdadero deseo de despertar.

Te estoy pidiendo que mires dentro, que seas despiadado e incesantemente honesto y sincero contigo mismo para ver por qué quieres despertar. ¿Qué es lo que te dará? Si tu respuesta es algo hermoso, grandioso, o altruista, como la paz en el Tierra o la armonía entre la gente, pon eso de lado por un momento y mira si deseas la verdad, este estado desconocido del despertar, por ella misma, independientemente de las consecuencias. Te estoy pidiendo seas sincero. Nos pasamos la mayor parte de la vida mintiendo de maneras burdas y sutiles. Las mentiras se vuelven muy complicadas y la tela de araña se va tensando más, ya lo sabes.

Ahora, en este momento, tienes la oportunidad de descubrir qué es lo que deseas, por ello mismo, sin que se derive comodidad del hecho, sin que satisfaga otras necesidades. Puedo sentir el miedo que esto evoca. Esta consideración no es habitual. Es muy fácil jugar al teatro del despertar diciendo: "Oh, algún día lo entenderé", o "él ha despertado", o "ella ha despertado y yo me quedaré en su aura, así podré conservar mis mentiras y mi telaraña".

Eres un adulto. Ya es hora de decir la verdad. Te estoy pidiendo que me digas qué es lo que realmente quieres en y por sí mismo, y si de algún modo imaginas que aún no tienes eso, dime lo que crees que te mantiene separado de ello. Examinémoslo y veamos, ¿es real esa obstrucción a la verdad o forma parte de la tela de araña, del tejido de tu imaginación?

El filo de la rendición

Una pregunta que surge frecuentemente es: "¿Cómo puedo saber si la orden que recibo viene del Ser, de la Verdad, y no de mi ego, de mi mente?". Esta es una pregunta legítima y, sin embargo, no puedo darte una fórmula para comprobarlo. Así de despiadada es la libertad. La posibilidad de confundir el Ser con el ego y el ego con el Ser es enorme y constante. No es un juego de niños.

A los niños se les da instrucciones muy claras con respecto a qué conducta es correcta o equivocada. Estas directrices son importantes para el crio que, de otra manera, hace lo que le viene en gana cuando le viene en gana. Sabes esto por tu propia experiencia de haber tenido dos años, dieciséis o incluso treinta y dos: "Si lo deseo, debe estar bien". Posteriormente, en los círculos de nueva era o espirituales esto se traduce como: "Debe ser lo correcto porque mi corazón me dice que es así". Pero, con cierto nivel de experiencia, descubres que lo que puede hacer que te sientas bien, lo que te parece bien, también puede causar mucho sufrimiento. Los asesinos a menudo oyen voces "divinas" que les dicen: "mata".

Todas las religiones te darán fórmulas y puedes observarlas para no hacer daño, para no causar sufrimiento. Puedes vivir una vida relativamente pacífica e inofensiva, pero aún así no será una vida libre. Entonces la pregunta es: ¿Es posible ser libre y no causar daño, no causar sufrimiento?"

Yo no puedo decir que no se produzca sufrimiento en relación conmigo. Hay personas que han salido corriendo de estos encuentros porque se han sentido atacadas, o por que no se han sentido honradas. No me hace feliz que se sientan atacadas o que no se sientan honradas. Pero, para que se sintieran honrados, tendría que decir una mentira con respecto a la verdad de quienes son. Y tengo orden de decir la verdad independientemente de las consecuencias. Aunque, a veces, mentir pueda resultar más cómodo no puedo perpetuar la ilusión de las ataduras, aunque uno se ate a los códigos de conducta más sublimes, elevados y necesarios.

Entiendo lo peligrosa que es esta afirmación porque sé cómo opera la identificación del ego. Sé lo fácil que es retorcer la verdad para justificar los deseos y placeres del ego, lo fácil que es realizar inflamadas proclamas de trascender los códigos de conducta normales.

Esta enseñanza de Ramana y Papaji es radical, y uno de los mayores peligros de esta transmisión es este mismo problema: el de lo fácilmente que la mente puede tomar comprensiones como "todo es uno" y "nada existe" y ponerlas al servicio del ego.

Es posible ser tan despiadadamente honesto que ni el placer ni el dolor sean los factores determinantes de nuestra acción. Entonces, si justificamos la reidentificación y el seguir los deseos del ego, podemos experimentarlo y verlo en su desnudez. Cada antojo persistente puede ser un vehículo para la autoindagación. "¿Quién desea? ¿Quién quiere?" Al responder verdaderamente a estas preguntas puede producirse la liberación de las querencias, de los deseos puede verse que no hay nadie que quiera nada y que ese nadie eres tú. Si estás dispuesto a conocerte a ti mismo, ámate. Si estás dispuesto a amarte a ti mismo, contémplate en todas partes. Y lo que amas, no lo dañes. Este es el filo más fino posible. En este filo de la navaja no hay absolutamente nada de sitio. Sobre él no hay lugar para *ti*.

En nuestra época aún estamos experimentando una reacción a una época anterior en la que hubo una represión consensuada y generalizada para que pudiera parecer que todo estaba bien. Las personas eran amables unas con otras y la sociedad funcionaba bien para ciertos grupos. Pero, finalmente, la represión se hizo insostenible y hubo una enorme reacción en los años sesenta y setenta, que nosotros, como subcultura, en gran medida reflejamos. Esta rebeldia se basaba en decir la verdad, pero, por desgracia, no era toda la verdad. Los años ochenta y noventa han sido testigo de nuevos refinamientos de la represión y de la reacción.

Ahora que estamos interesados en la autoindagación y en decir toda la verdad, vemos que la reacción ya no funciona. La represión/reacción ha generado una enorme cantidad de sufrimiento e identificaciones erróneas. Tal vez sea esta misma represión/reacción la que haya dado lugar a la posibilidad de preguntarse profundamente: "¿Qué es lo que quiero? ¿Qué es lo que realmente quiero? ¿Otra aventura sexual satisfactoria? ¿Simplemente mantener la tapadera puesta para no sentirme incómodo? ¿Otra promesa de que podré sobrevivir? ¿Otra manera de promoverme a mí mismo, de conseguir estatus y posición? ¿Una manera de negarme a mí mismo creyendo que no valgo nada?".

Estas son las áreas donde el deseo es más inconsciente. Las áreas que han mantenido al organismo en marcha, que han hecho que se preserve por medio de la sexualidad y que encuentre su lugar en el rebaño. Estos son los asuntos que darán lugar a los mayores impulsos de escuchar a la mente.

Después del despertar, Ramana robó algo de dinero y huyó de casa sin decir a su madre dónde iba, lo cual le causó mucha preocupación. No estaba siendo un buen hijo. No estaba siguiendo las costumbres de su cultura. Tal vez se lo debería haber contado a su madre. Tal vez cometió un error. ¿Quién puede decirlo? No tenemos que adorar ese acto y considerarlo correcto ni juzgarlo incorrecto.

Ciertamente cometerás errores. Esa es la naturaleza de este *Leela*. Es la naturaleza de que no haya sitio para *ti* sobre el filo de la navaja. Estar dispuesto a afrontar los errores y el sufrimiento, estar dispuesto a morir a los asuntos relacionados con la supervivencia, el placer sexual o el rango social revela la posibilidad de reconocer lo que no necesita nada, lo que no quiere nada, lo que es nada. Es una vinculación con todo a través del amor, la compasión y la empatía. Es la tarea más despiadada. Es el filo de la vigilancia y la rendición, y nadie puede hacerlo por ti.

Lo que se consideraba correcto en una generación se ve como incorrecto en la siguiente. En cada generación hay un gran punto ciego. Cuando miramos hacia atrás y consideramos la esclavitud no podemos dejar de preguntarnos cómo es posible que ese horror haya ocurrido. ¡Y ocurrió con la aceptación de mucha gente buena! Tenemos que estar dispuestos a ver lo que ocurre en nuestras propias vidas, que puede ser tan horrible como la esclavitud, y a lo cual hemos estado ciegos. Estando dispuestos a decir la verdad es posible ver dónde estamos negando o ignorando algún aspecto de nuestro propio ser y, en esa negación, causando mucho daño.

La mente busca una fórmula, un código de conducta. Lo cierto es que tienes abundantes, y la verdad absoluta está libre de todos ellos. La libertad es libre.

¿Cómo usarás tu vida?

Es evidente que los usos habituales de la vida son la acumulación de cosas mundanas y espirituales con la esperanza de salvarse de la muerte, y nada de ello funciona.¿Cómo estás usando tu vida?

Todos estáis muy familiarizados con vuestras propias prácticas de acumulación y con la parte de vuestra vida que dedicáis a eso. Las prácticas pueden ser más o menos sutiles, pero todas caben bajo el título de intentar que la vida encaje con tu imagen. Bien la de quién crees ser, o la de quién crees que deberías ser, o de quién crees que Dios es, o de quién crees que es la persona perfecta. Y después la actividad constante de informar a los que te rodean de cómo encajan en esa imagen. Esto es lo habitual, ¿correcto? ¿Cuánto tiempo dedicamos a ver cómo los demás no se pliegan a lo que creemos que deberían hacer y a cómo deberían hacerlo?

El mayor reto es rendirse a la verdad. Por supuesto, si tienes una imagen de qué es la verdad, eso no lo es. Ninguna imagen está separada de ella, pero la verdad sigue siendo independiente de cualquier imagen, de cualquier concepto o de cualquier pensamiento. El desafio más profundo consiste en rendirse a lo que no es tocado por ninguna idea, evaluación o conclusión pasada, presente o futura. Consiste en descubrir quién eres, que eres algo más cercano que cualquier imagen que tengas de ti mismo, que cualquier sentido de identidad y más profundo que cualquier experiencia de ti mismo que hayas tenido nunca o que podrías tener alguna vez. El resto consiste en ser fiel a ello, a la fuente de todo pensamiento, al origen de toda sensación, a la fuente de toda imaginación, sin entenderla, sin aferrarse a ella y sin conseguirla.

Te invito a descubrir esa fuente y a serle fiel. Si no la has descubierto, sé leal igualmente a ella y deja que te descubra a ti. Eres irresistible cuando eres verdadero, en lugar de simplemente seguir viviendo la vida que te ha sido transmitida en base a imágenes, conceptos e ideas, o de rebelarte contra todo ello.

Cuando conocí por primera vez a Papaji,

en la India, en una habitación muy humilde, recuerdo que me abrumó el reconocimiento de que todas mis anteriores imágenes del "cielo", de la "dicha" y del "maestro" no valían nada. Dios estaba vivo y el botín del cielo era innegable en aquella habitación de paredes enmohecidas y repleta de los agudos ruidos y los malos olores que entraban de la calle. Era diferente de la imagen rosa, suave y brillante que yo tenía de la escuela dominical.

Fue muy bueno para mi mente occidental verse detenida de aquella manera, y puedo recordar con qué sutileza intenté refabricarme a mí misma para encajar con la nueva imagen. Dejé de ponerme maquillaje. No me miraba al espejo. Me gustaba esa nueva humildad y quería acabar con todos los ideales occidentales. Un día Papaji me miró y dijo: "¿Por qué no te arreglas un poco?". Vio claramente que estaba intentando aferrarme a una imagen de la verdad y parecerme a esa imagen. Después vi que había hecho eso toda mi vida. Cuando llegaba cierta época intentaba encajar en su imagen correspondiente, tanto si quería tener aspecto de hippie, parecer espiritual o poseer una presencia más intelectual, a pesar de que en todo momento supe que esas apariencias no eran del todo verdad. No es posible "parecerse" a la verdad. Está donde quiera que estés, cualquiera que sea tu forma. No lleva puesto pintalabios y lo lleva puesto rojo brillante. No lleva ropa puesta y va vestida de oro.

Los intentos de tomar como modelo a la verdad son continuas trampas de la mente, que sólo conoce imágenes, conceptos e ideas. Cuando hablamos de libertad estamos hablando de lo que está inherentemente libre de cualquier imagen, concepto o idea. Eso es quien tú eres. Como quiera que te hayas imaginado en el pasado, cualquier cosa que tengas la esperanza de ser en el futuro, esto es lo que ya eres. Puedes descubrirlo inmediatamente hallando lo que nunca ha sido tocado por nada. La verdad está viva en ti ahora mismo. No tienes que hacer nada para llegar a ella. Como ella es quien tú eres, en este momento eres plenamente capaz de realizar la verdad inherente a tu ser. Lo único que necesitas es renunciar por un instante a toda noción relacionada con tu identidad.

¡Qué fácil es abandonar toda idea! Te sientes obligado a mantener continuamente las ideas, y lo has hecho durante tanto tiempo que ni siquiera notas la energía que pones en tus pensamientos: "Soy un ser humano, soy hombre, soy mujer, soy bueno, soy malo, soy inferior, soy superior, estoy consiguiéndolo, no estoy consiguiéndolo, lo tenía, lo perdí, lo conseguiré, ellos lo tienen..." y así sucesivamente. Esto es mucha actividad. Este es el uso que se da habitualmente a la vida. Lo que no es habitual, lo que te ofrece tu propio ser, es despertar a quién eres y dejar que esta vida sea usada por el despertar, sin ninguna idea con respecto a cómo ni cuándo ni qué.

Esto es lo que he venido a decirte. Esto es lo que continuaré diciéndote hasta que este cuerpo caiga. Tienes la oportunidad de escuchar, de investigar, de descubrir por ti mismo y de elegir.

Cuando me encontré con Papaji, sentía que yo era bastante neurótica. Tenía enormes imágenes y grandes conceptos, y siempre estaba evaluándome a mí misma para ver si estaba a la altura de esas imágenes o no. Papaji me paró en seco y me mandó a que te parara en seco. El resto depende de ti. Como tú eres la libertad misma, como eres el Ser, tienes la libertad de dejar que esta vida sea usada como desees. Tal vez antes de nuestro encuentro no tenías esa libertad, no lo sé. Quizá nadie te haya dicho nunca que eres libre. Probablemente hayas creído todo tipo de ideas sobre el destino, o el libre albedrío, o la ausencia de él. Con nuestro encuentro tienes una segunda oportunidad. Puedes investigar para ver si es verdad o no. Es posible que hayas desperdiciado los primeros veinte, treinta, cincuenta, sesenta u ochenta años de tu vida, pero ahora tienes una segunda oportunidad. Depende de ti.

Este tiempo es precioso, toda esta vida lo es. Es una vida en la que al menos puedes oír la llamada de la libertad. ¡Qué vida tan preciosa! ¿Cómo usarás esta preciosidad?

SOBRE GANGAJI

Gangaji nació en Texas en 1942 y creció en Misisipi. Después de graduarse en la Universidad de Misisipi, en 1964, se casó y tuvo una hija. En 1972 se trasladó a San Francisco, donde empezó a explorar los niveles más profundos de su ser.

En su búsqueda personal de la verdad, Gangaji siguió el camino espiritual. Tomó el voto del Bodhisattva, practicó meditación Zen y Vipassana, y ayudó a dirigir un centro de meditación budista. También trabajó como acupuntora en la zona de la Bahía de San Francisco.

A pesar de sus éxitos, Gangaji continuó sintiendo un profundo y persistente anhelo de realización. Rezó pidiendo un maestro definitivo y sus oraciones recibieron respuesta en 1990, cuando conoció a Sri Poonjaji, un discípulo de Sri Ramana Maharshi, a orillas del río Ganges, en la India. En ese encuentro con su maestro, a quien amorosamente llama Papaji, se reveló la verdadera plenitud que había estado buscando toda su vida.

Actualmente Gangaji ofrece la invitación radical de Sri Ramana Maharshi y de Sri

Poonjaji para detener la búsqueda de realización e iluminación y reconocer plenamente la verdad del propio ser, que ya es completamente pleno, totalmente libre, y está permanentemente en paz.

Cada año, Gangaji viaja por el mundo hablando a miles de personas de todas las procedencias. Profesora, madre y abuela, es autora de *You Are That! Satsang with Gangaji*, Volúmenes I y II, Who Are You? *The Path of Self-Inquiry* y *The Diamond in Your Pocket: Discovering Your True Radiance.*

Libertad y resolución, de Gangaji,
fue impreso y terminado en septiembre de 2011
en Encuadernaciones Maguntis, Iztapalapa,
México, D. F. Teléfono: 5640 9062.